살짝 방황하는 여자

날마다 결혼하는 여자

국립중앙도서관 출판예정도서목록(CIP)

날마다 결혼하는 여자 : 곽성숙 시집 / 지은이: 곽성숙. --
대전 : 지혜 : 애지, 2016
p. ; cm. -- (지혜사랑 ; 161)

광주문화재단, 한국문화예술위원회에서 사업비 일부를 지원받았음
ISBN 979-11-5728-213-5 03810 : ₩9000

한국 현대시[韓國現代詩]

811.7-KDC6
895.715-DDC23 CIP2016025586

지혜사랑 161

날마다 결혼하는 여자

곽성숙

지혜

시인의 말

첫,이라는 말은 세상에서 가장 주저하고 뜨겁고 서툴고
설레는 말인 것을 이제야 압니다.
지금 제가 그렇거든요.
후덕후덕 뜨겁고도 순간순간 서늘해집니다.

시를 바라보는 동안,
그리웠습니다.
쓸쓸했습니다.
들려왔습니다.
감사했습니다.
껴안았습니다.

그리고 환하게도 부끄럽게도 웃습니다.
남은 날들도 더 힘을 내겠습니다.
날마다 첫, 밤으로 갈 수 있게 다정히 손잡아 주신
가족, 친구, 동행인 모두에게
이 시집을 뜨거운 연서로 드립니다.

2016년 가을
곽성숙

차례

2부

3부

4부

노래가 된 시

• 일러두기
한 연이 첫 번째 행에서 시작될 때는 > 로 표시합니다.

1부

차꽃

— 모자상봉수

가을, 선운사 야생차밭에 가니
지난 해 핀 차꽃이 차씨가 되어
벙근 차꽃을 바라보고 있다
엄마의 눈길이 따뜻하여
사랑으로 피어나는 차꽃,
황.홀.하.다.

삶이란 기다리고 견디다 피어나는 거라고
아픔을 삼키는 저 묵묵함은 말한다
이 세상 엄마는 모두 기다렸다고,
이 악물고 바람을 견디었다고,
웃.는.다.

엄마의 눈동자로 환생한 그 언저리에
차꽃이 다시 피어나고 있다
순산을 기다려온 어미는 한 순간도
눈길을 거두지 않으며 오늘도 속으로 여물어간다

나는,
비바람 속에서도 열매를 품은
차.꽃.이.다.

노을이, 구두를 신고

발 편한 신발을 찾는다 신발장 안으로
하루의 노을이 스며들어 오고 있다
딸아이가 굽 높은 구두를 신고 나간다
내 안에 몰래 숨겨 둔 나를 만나
쓸쓸한 속을 들킨다

언제였을까?
생일 선물로 뭘 받고 싶냐고 묻는 남편에게
높은 소리로 대답했었다
굽 높은 뾰족 구두 사주세요
내 신발은 늘상 통굽이거나 단화였기에
놀란 듯한 남편이 이내 기쁜 얼굴이 되었다

그 구두를 두어번쯤 신었을까?
지금의 나는 다리가 불편한 아내가 되었다
어쩌면 저 굽 높은 구두를
신발장 안에 평생 모셔만 두게 될지 모른다

굽 높은 구두가 밖을 기웃거리자
노을이
구두 속으로 제 발을 밀어 넣고 있었다.

바람이 되어 무등의 손을 잡다

억새밭 길을 언제 걸었던가
저 수려한 서석대와 입석대,
그 곁에 언제 서보았는가

내 몸이 청명하던 날에
수시로 건던 바람재,
마음이 쩌억쩌억 갈라대던 날,
무연하다 주위가 온통 허적였을 때,
토끼등에 약수 마시러 가던 날,
웅웅대는 소리로 아무 것도 들을 수 없을 때도
나는 그 언저리를 떠날 수 없었다

그것은 미치 ,
어린 열매들이
모처럼 외출하려는 어미의 발등을
떠나지 않고
종아리나무 터널을 뱅뱅 도는 것처럼
설명할 수 없는 불안으로
나는 무등의 주변을
간혹보다 잦게 서성였다

지금,

내 몸이 몹시 흐린 날
서성이던 어린 나는 바람이 되어
엄마의 품으로 안아주던
넓은 무등의 손을 잡는다.

브래지어를 풀다가

잘 참아주던 브래지어가
그예* 헐거워졌다
마흔 끝자락까지
아쉬운 대로 매무새를 잘 가꾸어 주더니
이젠 멋대로 오르락내리락 거리며
제자리를 찾지 못하는 게
한편 얄미우면서도 끈하다
한껏 차려 입었던 원피스를 벗으며
혀를 끗 차는 동안
모양 빠진 앞가슴이 밟혀 온다

제 자리에서 견뎌주었던 것은
비단 브레지어 뿐만은 아니리.

*그예/ 기어이, 끝내, 기어코.

병실 벽을 긁으며

벽쪽 침상을 자리 잡기를 잘했다
막막하여 오를 수 없는 벽
눈물겨워 버릴 수 없는 벽이라도
돌아누워 거기에 손가락 글을
쓰는 일이 고맙고 다행스럽다
오를 수도, 뚫고 탈출할 수는 더욱 없다 해도
이 먹먹함과 맞짱을 뜨는 일은 나쁘지 않다
나를 살피게 하는 사각의 흰 벽이 그렇다
숨이 가쁘거나, 고단하게 누르는 힘
남도의 대처럼, 한국의 솔처럼 살고자 하나
흰 벽은 날 누르며 겁도 없단다

사랑 모르는 벽과 온기를 나누는 일도 괜찮다
묵언하는 벽에 간지러움을 주는 일도 괜찮다
병실 벽을 긁으며 나를 돌아보는 일도 괜찮다

무수히 이곳을 긁으며 지나갔을 이들의
소리를 떠올리는 일은 신비롭다
사는 일은 때때로 이렇게 눈물겨운 신비가
간지러움처럼 숨어있다.

기침

비 내리는 날,

그가 나를 사랑하지 않는다는 걸
알게 되었지
사르르 나도 모르게 자꾸만 눈이 감겼어
눈이 감긴다는 핑계를 대고라도
자리를 털고 일어서야 했어
그는 옆에 앉은 후배의
긴머리와 팔등을 간간히 쓸어내렸고
그 순간,
사르르 나도 모르게 눈이 감겼지
일어나야지,
일어서야지,
마음 안에서 일던 생각을 옮기지 못하고
사르르사르르 자꾸만 눈을 감았다 떠야 했어
때마침 터져주던 기침이 얼마나 고맙던지!
비로소 자리에서 일어서며
'사랑, 그것 참 별거 아니구나
눈감고 기침 한번 격하게 하면 되는구나'
돌아가는 버스 안에서 생각하지

쳇기 같은 답답한 아픔이
젖은 속을 헤집는 비 내리는 날,

그녀의 아코디언

그녀는 늘 주름상자 같은 옷을 입고 나선다
느릿느릿 걷는 발걸음에서는
아코디언 소리가 흐른다
스키니 같은 물빛 청바지에
헐렁한 면티를 즐겨 입던 그녀에게
어느 날 예고도 없이 떨어진 벼락은
몸 한쪽 자유를 빼앗아 갔다
그때부터 그녀는 주글주글한 원피스를 입기 시작했다

그런 그녀,
불편한 한쪽 손과 함께 아코디언 연주를 하느라
건반과 바람을 일으키며 애쓰지만 역시나 오늘도 헛치기다
종아리 아래까지 길게 내려온 그녀의 치마 주름은
금방이라도 탱고 춤을 출 것만 같은데, 아직은 휘청대는 엇박자다

얼마나 더 여러 계절이 오고 가야
그녀의 아코디언에서는
정열의 탱고가 자유롭게 흘러나올까?

갈꽃비를 만드는 여인

갈대 이삭 꺾어 갈목비 만드시던 아버지,
너울너울 꽃상여 타고 동구 밖을 지나
어어야아~디이야아~

갈대밭에 은빛 갈꽃이 출렁거린다
밤길을 더듬어 새벽까지 갈대밭을
걸으시는 어머니
한줌 한줌 갈꽃을 꺾어다 모으시고
가을볕 좋은 어느 날,
왕골을 기둥 삼아 갈꽃비를 만드신다

밤낮을 거르고, 배고픔을 거르고
아버지의 자리를 지키신다

어머니의 갈꽃비가
은빛 아버지로 대청마루를 가득 채운다
해마다 가을이면,
갈꽃으로 오시는 아버지

어머니 속울음 쓸던 은빛 갈꽃비
욱신거리는 나도 쓸어 내린다

>

눈덮힌 산허리
희고 흰 순백의 차꽃 한 송이 피우라고.

실꾸리를 감고 싶다

겨울밤 호롱불 아래
외할머니는 삼촌의 헌 스웨터를 풀어 실꾸리를 감으신다
헝클어진 실오리를 찾으시려
내 양손에 실타래를 끼워주신다
-짱짱하게 잘 잡아야 한다
차츰 뻣뻣해지는 손목의 힘을 풀면
수평선 같던 실타래는
금세 한복치마 선처럼 낭창해지고,
할머니와 나 사이에
팽팽하게 놓여있던 긴장도 풀려
곡선의 낭창거림에 마음도 유연해진다
그제서야,
할머니의 옛날이야기가
실타래 위에 얹혀서 실과 함께 술술 풀린다

언젠가 짱짱하던 내 두 발이
실타래처럼 얽히고 풀려
온 몸이 고꾸라진 적 있다
고꾸라진 몸은 휘청대고 더뎌지며
힘 빠진 실타래처럼 느슨해지고 말았는데,
또다시 짱짱하게 버티고 앉아
이 밤, 실꾸리를 감고 싶다

>

겨울밤의 추억 하나가 불편해진
몸 곁에서 낭창해진 실타래처럼
깊어만 간다.

나의 세신사

들어 오세요
앞으로 누우세요
옆으로 누우세요
뒤로, 옆으로, 다시 앞으로…

그는 류영도*처럼
푸른 자궁 외엔
어느 한 곳도 비켜서지 않는다
류영도는, 우주를 품은 나신을 눈으로,
탐닉스런 그는, 열린 존재를 손으로 벗겨낸다

나의 넓고 두툼한 배꼽 언덕을 좋아하는 그는
그곳에 이르러서는
명령조차 없이 익숙한 손놀림으로
엑셀을 밟듯 뜸을 들인다
온 몸이 나른해지고 그의 손길대로 움직이는 사이
고통과 민망함은 사라지고
은밀한 호사스러움에 젖어들어
다음 번을 설날을 약속한다

몹시 섬세하고 친절한
나의 훌륭한 세신사**는,

오늘도 단호하고 짧게 명령한다

뒤로 누우세요.

* 류영도 : 누드화가.
** 세신사 : 때밀이(목욕 관리사).

얼레지

— 꽃말은 '바람난 여인'

너도 한때는 여염집 규수였느니
일편단심, 깊은 우물 같은 마음에
담 너머의 뭇 사내들을
쳐다보지도 안 했으리
말아쥐는 한복자락마다 찬바람 일어
누군들 말도 걸지 못했으리

어느 봄 햇살이 들치니
여섯 폭 치마를 똘똘 말아 올린
너의 행색 좀 보라지

우듬지에 야무지게 어여머리 얹고
치마폭은 숲에서 부는 바람에
속정까지 환히 날리는구나
다 보인다
다 보았다

담장 너머 기웃대는
이웃 사내들
어디 그래 보라지

언감생심,

겨울 가고 나 땅속으로 숨어들면
누구라도 만질 엄두 못할테니

여섯 폭 치마에 햇빛 걷히면
가차 없이 마음 닫는
한겨울에도 바람난 나를 좀 보라지

꽃팬티 꽃밭

기념일이면 자매간에
꽃팬티를 선물하는
어머니와 이모님들
고목 같은 그들의 수다는
모처럼 노란 병아리들처럼 귀엽다
노란 꽃팬티는 면이 더 좋고
주황 꽃팬티는 입는 맛이 더 좋단다
- 언니가 이것 입소
- 아니다 니가 입어라
밀거니받거니 한참을 소란스럽다
그 왁자지껄함 속에서

기쁨의 물기와
웃음의 햇빛을 받으며
저마다의 한송이로 벙글어 보는 중이다
꽃밭가를 서성이는 나를 보고
한송이의 어머니가 눈빛을 건넨다
- 너는 아직 분홍 꽃으로 피거라
분홍 꽃밭 한 평 분양받아 나오는 등 뒤에서
까르르, 웃음보가 터졌다
무지개가 피었다.

구부러진 손가락

누구는 나이로 오는 관절염이라 하고
누구는 뼈의 이상 증세라고 하지만
내 생각엔 고장 난 왼쪽까지
혼자 감당하느라 고생했구나 진단해

부실한 왼쪽 대신 오른쪽 손가락은
펜혹처럼 튀어나오고 휴즈처럼 휘어지고
결국 손톱 위에는 옹기까지 생기잖아

저리고 아프고 붓고 구부러지고

힘없어 미안한 왼손은 오른손을 끌어다
주무르고 매만지며 펴주려 애를 쓰는데
보는 나는 안쓰럽기만 해

'그래도 괜찮아'
구부러진 오른손은 부실한 왼손의 휘청임을
오늘도 부축했어.

좋은 흙이 되어

가슴에 시를 담고
오랜 시간 함께 해온 어린왕자 되어
밤하늘에 떠있는 별빛을 봅니다

이 빛을 담고
제 삶이 얼마나 아름다운지,
얼마나 빛나 주었는지 모릅니다

별빛같고 달빛같고 햇빛 같은 글,
그 글들이 마음 안으로
햇살로도 들어오고
바람으로도 통하고 머물고 쉬다간 시간들이
이제 열매도 맺이주고 뿌리도 내리도록
좋은 흙이 되었으면 합니다

지렁이도 마음 놓고 살고,
나무 그늘도 두 다리 뻗고 지내고,
돌멩이들도 뒹굴다
흘러가는 구름의 궁둥이를 앉혀서
놀다 가게 하는
촉촉하고 부드러운 흙냄새 나는,
공기 좋은 텃밭의 흙이 되었으면 좋겠습니다

>

맨발로 흙 위를 산책하는 님을 만나면
좋은 바람도 불러 내겠습니다
그 발길에 간지르는 웃음으로
친근한 사랑도 느끼겠습니다

별빛 같은 시로 인해
고맙도록 부드럽고 따스한
좋은 흙이 되고 싶습니다

날마다 결혼하는 여자

그녀는 어느 해 여름,
왼쪽 몸의 중심을 잃고 쓰러졌다가
다시 일어난 후부터 기우뚱거린다.
외줄이라도 타는 듯이 좌우로 휘청대며 걷는다

그녀는 넓은 땅을 걸어가면서도
남사당 패의 외줄타기 부채 대신
사람 손을 의지한다
날마다 결혼식장을 들어가 듯
딴딴따따 걸음을 떼야만 한다
오른쪽에 선 이의 왼손이나 팔을 잡고,
날마다 결혼하는 여자가 되어 다소 슬픈 듯,
기쁜 듯, 천천히, 조심해서 걷는 것이나

날마다 결혼하는 그녀,
오늘은 누구의 팔을 잡고 불편해진
생의 건널목을 건널 것인가?

2부

슬픔 증후군

그녀 떠나는 날,
마지막 가는 길을 보지 못했다
대책 없는 이별은 그렇게 끝났다
내 슬픔에 겨워 정신줄 놓아버렸다
흙 한 줌 덮어주지도 못하고 그녈 보냈다
눈을 뜨니 병원 응급실,
창밖엔 비가 억수로 내리고 있다고 했다
천둥 번개도 치고 있나?
나마저 떠날까 두려운 가족들은
시든 내 몸에 피 고인 눈을 심고 있었다

그녀는 그렇게 날 편히 두고 떠났는가?
그래서일까?
그녀가 먼 길 간 후, 울지 않는 병에 걸린 나는
피눈물 대신 꺽꺽 빈트림 같은 소리가 올라오고
쓴물과 함께 늘 실실 웃고 있다

어떻게든 시간은 흘러가고
삶의 적 또한,
어디서든 준비 없는 내게 오겠지만
쓴물이 멈출 만큼 내게도 세월이 흘러 줄까?
이루지 못할 인연이나,

이별이 흐르는 강을 보면,
벌건 눈에서 눈물이라도 펄펄 날까?
내게 그녀가 다시 오기는 할까?

그녀는 애초, 내 옆에 비낌없이 있는 것일 거다
그래서, 그러니,
그녀의 먼 길은 슬프거나 눈물과는 아무 상관없는 거다.

바다에 가면 엄마가 있다

해질녘 돌머리 해변에 서본 적이 있는가
그 쓸쓸한 해넘이를 오래 지켜본 사람이라면
그곳에서 나를 낳아 준 어미의 튼 배를 보고 목놓아 울었으리

바다에 가면 엄마가 있다
나와 당신과
우리 모두를 낳아 키운
착한 엄마가 있다

엄마, 부르기만 하면
무릎걸음으로라도 달려와 줄 엄마,
엄마, 손 내밀면
온 몸으로 밀고 와 줄 엄마,
거센 물결을 감싸 안아 줄 엄마가 온다

바다에 가면 엄마의 튼 배가 있다
나를 그 몸에 품었을 때
제 살 쩌억 갈라진 고운 배가,
여러 갈래 길을 낸 채 있다

바다에 가면,
부드럽고 황홀한 그녀의 맨몸이 있다.

분명한 선을 그어라

함께 사는 시츄 순정이보다도
털털한 동생이 마땅찮은 그녀다
그날 아침도 한결 같은 소리,
-숙녀는 정글 속에서도 화장을 하고
신사는 밀림 속에서도 넥타이를 맨단다

그런 그녀,
동생이 정신을 잃고 생사를 헤맬 때
중환자실 침대에 누운 동생을 내려다보다
문득 아이펜슬을 꺼내 동생의 눈썹을 그리며
쏟아지는 울음을 마셨다

분명한 선을 긋는다는 것은
동생에게 살아가는 일의 큰 이유였다
하여, 이것은 사경을 헤매는 그녀에게
그녀가 할 수 있는 유일한 기도였으리라

분명한 선 하나 그으며
분명한 빛으로 살겠다던 동생의 눈썹을 그리는
그녀의 손이 심하게 떨리고 있었다.

가시

보고 싶다

오늘 아침 밥상에
그녀 좋아하던 조기 구워 먹는다
순간 목에 가시가 걸렸는지
따끔한 게 까시럽다
따뜻한 물을 마시고
손가락을 넣어도 보고
뜨거운 밥 한 숟가락까지 넘긴다 꿀꺽
밥만 넘어가고 목은 여전히 까칠하다

조기가시,
전어가시,
고등어가시,

목에 가시 걸리면
뜨거운 밥 한 술
김치 한 가닥
꿀꺽하라던 말은 틀렸다

자분자분 생선가시 발라
밥에 얹어주던 그녀,

어디 가서 이리도 아니 오시나?

목에 큰 가시가 박혀
빠져나오지 않는다.

아버지의 숫돌

먼 길 가실 날 받아 놓은 아버지는
담당의와 병실에서 소란 중이다
-나 하루만 집에 가서 자고 잡다
막무가내 애절하여 집으로 오던 밤,
징그랍게도 더웠지
걸음마다 땀이 진뜩거리고 열이 솟다가 비가 억수같이 쏟아졌어
동이 트기 시작했을까?
샤각샤각샤각
마당에는 새벽빛이 내려오고
어스름 속에는 숫돌에 칼을 가는
아버지가 들어 있다
아침 해가 우물까지 내려오도록
저녁 넘어가는 햇살이 칼날에 베어지도록
오래오래 쓸쓸히 칼 갈던 아버지는
된장국에 취나물을 얹어 밥 한 술 뜨고는 서둘러 병원으로 돌아갔다
그날 밤도 아버지 등 뒤로는
쓸쓸한 밤비가 내렸다
생선 치는 큰 나무 도마 위에서
숫돌과 부엌칼이 물을 치며 반짝인다
그때부턴가, 밤비 오시는 날이면,

>

어둠에 등을 내어주고
아버지의 숫돌에 샤각샤각,
오래 칼을 가는 내가 있다.

신장개업

올 봄 남자는 리모델링도 안한 그 자리에 신장개업을 내걸었다
새 메뉴판에는 그동안 인기 메뉴였던
일중독과 술상무를 밑으로 내리고
new금요 조문을 붉게 올렸다

이 메뉴는 생각보다 훨씬 인기가 좋다
어김없이 금요일 밤이면
고객의 전화 주문을 받고 출장을 나선다

오늘도
어,
김,
없,
이,
금요일이다

남자가 나간 어둔 길을 내려다보다
문단속을 하는 여자는 생각한다
내가 금요일에 죽으면 저 남자,
조문을 올까?
어둠 속에 멀어지는 남편의 뒷모습을 보며 여자는 중얼거린다

‘내일은 폐업 신고를 해야겠다’

여자의 웅크린 몸이 불빛에 가끔 흔들린다.

항아리 닦기

뜨거운 햇빛 아래 엄마가 웃고 있다
항아리 안 소금물에 담긴 메주도 웃는다

흰 앞치마 입으신 우리 엄마,
서걱서걱 마른 행주질 소리에
간지럼 타는 아이처럼 항아리가 웃는다

엄마는 늘 이렇게 애타는 마음도,
졸아들고 보타진 마음도 여기에 두셨다
반질반질 고슬고슬 반짝반짝
소금물에 절여도 견뎌온 상처라 하셨다

-이렇게 잘 닦아줘야 항아리 속의
간장, 된장, 고추장이 바람도 햇살도
꽃향도 만나 맛나단다
엄마는 외할머니처럼 말씀하신다

겉보다 속이 더 참한 엄마처럼
바람과 햇살과 흙향은
항아리 속 굵은 소금과 함께
숯이며 고추, 메주에게 스며든다

>

흰 행주 쥔 엄마 손등이,
항아리 위에서 반짝이며 따라 웃는다.

홍시 단물

하동 친구가 대봉감을 보내왔다
대설 지나 동지 지나니
놓아둔 그 자리에서 익을만큼 익었다

꼭지에 대고 빨아대니
입안 가득 단물이 고인다
터질 듯 잘 익은 홍시,
내가
어미 단물을 저리 힘껏 빨아댄
악착스런 입이었다
손바닥에 남겨진 살빠진 홍시,
분홍 한복 입고 대봉감을 따던
젊은 엄마의 탱탱한 젖기슴이
눈 속에서 까막까막 쪼그라 들고 있다
다섯 자식 매달려 빨아대고 꺼내먹고
내어주고 또 내어주어
그 무엇도 남겨진 것 없이
다 털린 허방한 빈 속이다

저 곳 어디에,
날 키운 젖 한방울 고인 적이 있었을까.

기울기

베고니아 핀 시골 다방 앞이었어

그를 기다리는 내 몸이
지는 해를 따라 왼쪽으로 기울고 있었지
틀림없이 왼쪽 가슴에 그가 머물고 있는 거라고 생각했어
심장에서 빠져나갈 틈이 없는 생각들,

오른손과 왼손의 부드러움이 다르고
왼눈과 오른눈 밝기가 다르고
오른발 왼발의 크기도 달라
닮기야 했지, 그러나 분명 그들은 이란성이야
눈을 감고도 좌우가 구별이 되는 분별성
게다가 크기가 다른 내 가슴은 저울로 쓰기에도 형편없어
아무리 똑같이 갈라 올려도 한쪽으로 기울고 마는
중심축을 잃어버린 저울

아무래도 그가 깃든 곳은
나의 왼쪽 가슴,
내가 그쪽으로 기울고 있음을
그를 만나기로 한 베고니아 꽃 핀
다방 앞에서 비로소 알았지.

아버지의 지게등

시골집에는 언제나 시린 무릎을 세우고 앉은
늙은 아버지가 사신다 그는 마루 끝 기둥에 기대
지게를 바라보며 먼 산처럼 앉았다 아버지 등은

이제 지게를 질 수 없을 만큼 굽었다
지게도 수십 년을 업힌 그 등에 나는 단 한 번도
업혀 본 기억이 없다 마당 한쪽 허물어져 가는
창고 앞을 지키고 서 있는 낡은 지게가 이제는
앞산 그늘처럼 서늘하다 때로 기억에 없는 일도
무장무장 그리울 수 있다 어쩌면 혹시 어쩌다가
어릴 때 한 번쯤은 업혀 봤을지도 모를 일이다
까닭도 없이 서러울 때면 마을 입구 삼백살 먹은
느티나무를 찾아 구름잠이 들곤 하였다
귓가에 맴돌던 매미 소리도 바람 일렁이는
나무 그늘도 까무룩 멀어져 가는 길로 아버지는
허름한 밀짚모자나 잘은 구멍들이 양쪽으로
숨구멍처럼 뚫려 있는 초록색과 흰색이 섞인
새마을 모자를 쓰고 오신다 모자 아래로는
까만 선글라스를 쓰고 국방색 반바지에 검정 양말을
종아리까지 강직하게 올리고 단단하고 당당하게
지게를 지고 걸어 오신다 나는 느티나무 아래서
지게 자국이 선명한 아버지 등을 오후 내 오르고 오른다

>

아버지의 등은 오르고 올라도 끝내 오르지 못하는 산이다.

슬픈 데쟈부*

돈목항에 내리자
우이도라 하였는데
바닷바람처럼 서늘한 인상의
민박집아줌마가 짐마중 나오셔서
함박꽃마냥 웃어 주었네

구비 갈대길 강아지처럼
졸랑거리며 따라 걷는데
모래밭이 발길에
익숙한 촉감으로 스며들었네

언제였던가?
누구랑 왔었지?

아! 난 우이도 전설의
그녀,
모래 서 말 먹고 육지로 시집갔다던
그녀,
돈목 청년 사모하여
밤마다 모래밭길 달려왔던
성촌의 그녀,

>

여기 서서 돌아보니 영락없는
그 슬픈 처녀였네.

* 기시감旣視感 :처음 보거나 경험한 것을 언젠가 있었던 일로 여기는 착각.

자두꽃처럼 사과꽃처럼

자두꽃이 필 무렵이었어
도시에서 전학 온 그 가시네는
흔치 않는 양 갈래 머리를 땋고 있었어
아마도 그해 여름이었을거야
개울에서 함께 멱을 감은 이후로
우리는 가시네의 가슴에서 자라는 뽀오얀 멍울에게
자두라는 이름을 붙여 놀려주기 시작했지

이사 온 그 애 집의 뒤란에는
때마침 자두나무 한 그루 자라고 있었어

하루 하루 자두가 영글어가는 것처럼
가시네의 기슴도 점점 디 봉긋해져 갔지
그후부터 가시네는 부끄러운지
조끼를 덧입고도 걸핏하면
가슴을 안으로 오므리고 다녔어

그 가시네, 몇 년의 세월이 흐른 뒤에
우연히 과수원 길 위에서 마주쳤는데
가슴의 자두는 어느새 사과처럼 익어 있었어

사과꽃이 바람에 흩날리고 있었지

그새, 내 가슴에서도 꼬물 꼬물
자두가 돋아나던 무렵이었지

지금도 그 가시네 머리 속에 떠오르면
자두꽃 같이
사과꽃 같이

낙타가 되어

가뭇없이 떠나간 것들의 빈자리에서
오랜 시간 무연하게 보내온 시간들이
웅웅거리며 다시 돌아와
제자리들을 거짓말처럼 아무렇지도 않게 찾을 때
고욤나무의 빨간 열매를 보며
그, 감도 살구도 아닌 것을 부러워했다
반질대는 마루에 앉으면
햇살이 어김없이 빈자리를 채워주는 어느 날이었다
막막하게 어둠이 내리면
내 안의 길로 어김없이 낙타가 되어
돌아오는 그녀를 위해
환한 꽃등을 켜고 오늘도 서성인다
아무리 목이 늘어나도
곱발 든 발끝이 저리고 발등이 부어올라도
끝내 돌아오는 낙타 소리 없거든
이제는,
내 안으로 놓은 길을 지우고
오래 전부터 기다리고 있을 그녀에게로 내가 가자
큰 혹을 지닌 쌍봉낙타가 되어
그녀가 내게로 낸 사막의 길을 향해
아무렇지도 않게 거짓말처럼*떠나자
사막의 밤엔,

별이 된 그녀가 모랫길을 밝히며 반길 것이다.

* 김은우의 시 제목에서 따옴.

할머니의 걸레

제비 가족 똥 싸놓고 간 대청마루에 지는 해가 순하다
아이고 허리야, 밭에서 돌아와 마루 끝에 앉은 할머니,
-이놈의 제비 새끼, 또 싸놓았네
쯧, 소리와 함께 바람과 햇살이 들어앉아 아무렇게나 마른 걸레로
쓰윽 닦아버리면 그뿐,
이웃집 할매 칠순 잔치에서 받은
그 수건이 마루 귀퉁이에서 마른 채 기다리고 있다
그래도 이 수건, 처음엔 밭에 고추 심는 머리에 얹어 봄볕을 막아주었지
고구마 캘 땐 목에 둘러 땀을 닦아주다가
돌아오는 길 몸빼에 붙은 도둑 풀도 흙덩이도 탁탁 쳐내준 고마운 이,
집 앞 샘가에서는 물 한 바가지 마시다 흘린 얼굴의 물기를 닦아 주었어
돌아온 집 마루에 지친 몸 모로 누워
잠시 그대로 얼굴 밑에 깔려 함께 곤한 잠도 잤었지
부부보다 자식보다 더 손끝에서 떠나지 않다가
이제는 닳아 허름해서 마루에 앉아 쉬던 어느 날부터인가
햇살과 바람과 눈 맞아 수시로 먼 산 내려 온 마당을
무연히 바라만 보고 있었을 때,
늙은 호박 채 썰어 부침개 했다며 이웃 성님이 막걸리 한 통

들고
　지우뚱 건너오시니 마루 한쪽 쓱쓱 닦으며
　-성님, 이리 앉으시오 이리…
　비로소 제 역할을 하던가 싶더니
　또다시 그대로 이마도 닦고
　막걸리 묻은 입도 쓰윽 닦아버려 다용도로 변신하는
　할머니 품 같은 할머니 걸레,

시골 버스를 기다리는 일은

먼지가 날리는 운주사 앞이었어
오랜 시간 길가에 서서
좀처럼 오지 않는 버스를 기다리는 것이
얼마나 즐거운 일인지 그때 알았어

내가 짝사랑한 선배는
얼굴이 하얗고 먼 눈빛이 해질녘 어스레기* 같았어
어느 가을, 우리는 운주사에 갔었지
운주사가 대단해 보였던 건
평소에 말수가 없던 그가 그토록
많은 말을 쏟아낸 것을 보았기 때문이야
별다른 이유가 필요하지 않았던 사람,
그게 내 조용한 짝사랑이었는데
그에게서는 그날 풀벌레 소리가 났지
풀벌레 소리와 함께 저무는 시골길에서
오지 않는 버스를 기다리는 일은,
희미한 옛 사랑의 기척 하나가
오랜 기다림의 뒤에서, 먼지를 내며
가까워지는 일이었어

시골 버스를 기다리는 일은
그런 일이었어.

* 어린 송아지의 눈빛.

3부

큰언니의 간

앞치마를 두르고 싱크대 앞이 좁은 큰언니를 본다
큰언니의 손은 따뜻한 반찬이다
그 손에서는 된장내도 나고 기름도 튀고
소금물도, 고춧가루물도 스며있다
오늘 큰언니의 손은
김치찌개를 만들고 있다
입맛을 다시게 하는 손,
꿀꺽 침 넘어가게 하는 손,
콩나물을 무치는 손,
그 손은 참기름보다 더 고소하다
삶이 달 때도,
고단하고 외로워 허덕일 때도,
나는 그녀의 손끝에서 건덮나
그녀의 따뜻한 밥상으로 살아났다
그녀의 눈물이 간을 맞추고
그녀의 아픔이 불이 되어 지어진
따뜻한 밥을 먹으며 부활하곤 했다

어느 날, 부엌 한 구석에서
그녀가 소리 없이 우는 것을 보았다

그날 저녁 된장국은 무척 짰다.

소쇄원의 애양단*

적설에 가지가 휜 대나무 길을 지나
대봉대 앞에 이르러 다리쉼을 한다
왼쪽 벽에 자리한 애양단愛陽壇,
볕이 따뜻한 자리라는 걸 일러주는 듯
동백나무 한 그루 가지 끝이 푸르다
동백은 부모에게 효도하라는 의미라는데
하필이면 그 담벼락 가까이서
나는 마음이 춥다
겨울이면 가장 먼저 소쇄원의
눈이 녹는 곳,
여기 마음의 한 마장쯤 풀어 널고 싶다

시리고 아픈 날들 거두어
어머니의 마당에 일지홍一枝紅
동백가지 되어 돌아가고 싶다.

* 전남 담양군 남면에 소재한 조선식 정원으로 유명한 곳이며, 애양단은 겨울에도 볕이 많이 든다는 의미로 붙여진 이름이다.

접시꽃을 보았니?

보았니?
가운데에 흰 꽃등처럼 세우고
다섯 개의 하트로 둘러앉아 피어난
붉은 두레밥상

자리 잡아 함께 모인
저녁의 가족
쏘옥 들어간 자리마다
한 사람씩 앉아
환히 웃는 꽃잎이 되던
그런 순간 보았니?

보리밥에 시원한 물 말아
고추랑 오이 곁에
노란 새 된장
열무 물김치
동동 뜬 검은 밥알을
후룩후룩 떠먹으며
어느새 환해지던
아랫방 가난한
동이 네의 식사 시간을 보았니?

>

접시꽃을 보았니?
접시꽃밭을 보았니?

별꼴이다

둘이 너무나 잘 어울리네요
이렇게 말해주었다
실은 하고픈 말이 아니었다

콧등에 슬픔이 고이는 걸 누르며
그 말을 들려주었다
이 야릇한 슬픔을,
이 가혹한 쓸쓸함을,
어쩌자는 것인가
별꼴이다

해질녘,
콧등으로 울컥이 찾아오면
내 허세는 더 환해진다
내 마음의 이웃으로
아무렇지도 않다는 표정과
관심 밖이라는 '척'들을
울컥으로 불러들인다
별꼴이다

그를 무연히 바라보던
나를 접는다

설마, 이것이 내 콧등으로 울컥을
불러오는 내용이었는가
별꼴이다

울컥을 불러들이며 혼자 웃는다
참 별꼴이다

할머니의 무등산

이서면* 가는 길
시나위 공방을 지나서 마주치는
파란 지붕의 집에는
늙은 할머니와 어린 손자가
집 앞의 감나무에 의지해 살고 있었다네
그런데 곶감 만들 감을 따러
나무에 올라간 손자 녀석이
그만 가지에서 떨어져 허리를 다치고 말았다네
개똥물을 먹이면 허리가 낫는다는 말에
할머니는 우는 손자에게
개똥물 대신 사랑물을 지성으로 먹였다네
그렇게 자리에서 일어난 어린 손자와
오늘은 두 사람이 서로의 손목을 부여잡고
붉새** 물든 무등산에 달마중을 나섰다네
평생을 머리에 이고 살아 왔던 무등산에
할머니는 어린 손주를 지팡이 삼아 오른다네
할머니의 무등산을
이제 그만 내려놓기 위한 심산으로
어린 손주를 채근하여 올랐다네
무등산의 가을 달밤이
할머니의 눈가에 흐르는 눈물방울을
환하게 어루만져 주었다네

저녁 속으로 잠을 자러 가는 산 새 한 마리
어린 손자의 머리 위에서
한참이나 짹짹거려 주다가 지나갔다네.

* 전남 화순군 이서면. 무등산 자락에 위치한 산골이다.
** 붉새 : 노을의 방언.

몸 푸는 논

농부의 아내가 만삭의 몸으로 논길 위를 걷는다
새참을 머리에 이고 황금빛 논길을 걸어간다
늦가을 넓은 논 속으로는 햇살이 가득 내려와 앉았다
그윽한 황금물결을 거두는 농부 곁으로
아내는 모락모락 김이 나는 들밥을 내려 놓는다
마음이 따뜻해지고 농부의 고픈 배가 채워져 간다
산 아래 마을 입구에서는 배롱나무 꽃이 환하다
몸을 푸는 들판 가운데에서도
늦가을의 산파가 만삭의 벼들을 향해 소리친다
-힘내라 곧 나온다
-열린다 조금만 더 힘을 주렴!
비트는 손을 잡아주는 산파의 눈에 기쁨이 출렁인다
견딤으로 맺어진 벼의 알곡들이 눈부시게 아름답다

몸을 풀고 사흘 만에 들에 나간 농부의 아내는
온전히 자신을 다 비우고 나서
다시 푸른빛을 띄우는 벼들의 밑동을 바라본다

해산을 마친 농부의 아내도 며칠 후엔
젖몸살을 앓았다
한 해를 비우고 돌아앉은 논들의 정경이
잠든 아이처럼 고요하다.

뼈의 안부

오늘도 당신의 뼈는 청명하고 푸르른 날이에요
물론 흐리고 비가 오기도 했지요
천둥 치고 먹구름 밀려오기도 했지요
허나 제게 그곳의 날씨는 한결같이 푸를청 푸를청
당신의 뼈날씨는 단단하고 투명해서
뼈 속에 바람과 햇살과 파도가 수시로 들락대며 살고 있어요
당신의 안부를 묻는 일은 쉬운 게 아니지만, 뼈를 조곤조곤
손가락 마디를 골골이 눌러 보고
오래 쓸어 볼 수만 있다면
오늘의 날씨가 어떤지 금방 알 수도 있지요

오늘, 그곳의 날이 흐리려나요?
그 바다에 파도가 심하게 치려나요?
해가 뜨든지 말든지 비가, 눈이 오든지 말든지
부디 그곳의 날씨는 평화롭기를
바다에게 늘 안부를 전하지요.

은 단풍나무 언덕

— 지금은 사라진 은 단풍나무에게

100년 전 당신은 우리에게
어쩔 수 없는, 어쩌지 못할 사랑으로
우월슨 선교사* 앞마당으로 왔지요

지금, 당신이 떠난 빈자리에
눈이 내리고 다시 꽃이 피고 소나기가 와요
달콤하고 부드러운 당신이 더는
그 자리에서 견디어 낼 수 없다 할 때도 우리는
당신의 이야기들을 쓸어낼 수 없었어요
그래서 이제는 이 아름다운 언덕,
양림 동산에 당신을 눕히려 합니다

돌아올 시간의 길을 기억하는 것,
그 길을 지치지 않고 기다리는 것,
발길이 내게 오는 소리를 들어주는 것,
그때,
마음을 기울여 그 마음에게로 닿는
그 순간을 그리워하며 오늘도 기다립니다

그리운 당신, 은 단풍나무
작은 바람에도 오소소 답하던
달콤한 당신의 말에 귀 기울이고

골골이 만져주고 스며들던
당신의 감미로운 몸짓에 답하며
은 단풍나무 언덕으로
정다운 사람들을 만나러 가고 있어요.

* 우월슨 선교사 사택은 광주 양림동 양림 미술관 건너편 호남신학대 안에 있다.

겨울 환벽당

'푸르름이 두른 집',
환벽당*을 풀어보는 이 말, 좋아서
몇 해가 되도록 오고 또 왔건만
여지껏 그 이름값을 몰랐다
나, 이 겨울 환벽당에 와서
비로소 무릎을 친다
봄에는 홍매에,
여름엔 꽃무릇에,
가을엔 스산한 내 기분에
눈을 빼앗겼구나
모두 다, 오던 곳으로 보내고
저만 혼자 발가벗고 남으니
비로소 이름값하는 겨울 환벽당을 본다
모든 것 다 내려놓고 오니
이토록 환하고 푸르른 것을
내가 가리고 네 탓을 하였구나

아하, 그랬구나!

아직 제 마음 찾지 못한 사람아,
겨울 환벽당으로 가라
푸르름 둘러친 환벽당 서늘함이

대숲에서 나와 스민다.

* 환벽당環碧堂 : 무등산 지락인 광주호 상류 창계천가의 충효동 쪽 언덕 위에 있는 정자.

즐거운 사랑이 부럽다

비 오는 날은 라면이 먹고 싶다

김밥 한 줄에 김치 라면을 먹는 비요일
분식집에서는 빗소리조차 맛있다
굵어지는 빗소리에서
초록우산 하나가 바삐 접힌다

야구 모자와 나비 머리핀이 쪼르르 들어오며 몸을 턴다
-라면 하나, 김밥 두 줄 주세요
야구 모자의 주문에
긴 머리 나비핀이 곰살맞게 웃는다
웃음 먼저 나눠먹는 소박한 허기

미숙하고 풋풋한 연애는 즐겁다

글쎄

시골길을 가는데 자갈틈 사이에서
나를 부르는 소리가 들렸어, 글쎄
여보세요, 여기 좀 보세요

처음엔 무심코 지나쳤다가
그 소리가 간절하여 뒤돌아보니, 글쎄
돌 틈에서 피어난 키 작은 채송화가
꽃을 피워 고갤 쑤욱 내밀고 있던거야

지금껏 꽃 한 송이 피우지 못하고
나를 보아 달라 채근만 했던 나는
채송화의 웃는 얼굴과 마주친 순간
어찌나 부끄럽던지 글쎄

그 작은 꽃송이가 돌틈에서조차
애를 쓴 동안
나는 내 삶을 위해 저만큼 절박해본 적이
있기나 했는지 글쎄.

새로운 친구

일찍 잠이 깨어 궁시렁대는 새벽,
습관처럼 켜보는 스마트 폰
카톡을 누르니 새로운 친구에
빨강 숫자 1이 켜졌다
내 아는 사람 누가 카톡을 깔았다는 소리다
그리고 아래 칸에 뜨는 새로운 친구는
두 달 전 먼 길 가신 선생님 이름
지울까 몇번 망설이다 그냥 둔 번호,
순간 가슴이 바스락 소리를 낸다
크고 낮게 빠지직 갈라지기도 한다
꽁꽁 얼어 몸을 움츠린다
세상에 이런 복잡한 슬픔이 있을까?

그가 새 친구로 다녀간 잠 못 든 새벽,
가슴이 아팠으나
나는 몸을 떨며 곧 잠들었다

꿈속에서 만난 선생님께 다시 물었다
"거기서 잡스*를 만나셨나요?"
"지금 그 핸드폰을 누가 가지고 있지요?"
"잠시 오셨나요 선생님?"
"하실 말이 있으신 거지요?"

바쁜 내 물음에 그냥 가실까 싶어,
바삐 잠이 깬 새벽이다

* 잡스 : 애플의 스티븐 잡스.

철쭉 피다

소백산 연화봉에 봄볕이 지긋하다
난형卵形의 꽃망울이 하늘을 향해
붉은 럭비공으로 튀어 오른다
상대방 골 에리어를 향해 뛰어들 준비를 마쳤다

힘내라 힘!
목청껏 외치는 관중들의 환호성 소리
탕!
누가 먼저 더 높이 날아
내달지는 아무도 모른다
봄물 터지듯 콸콸대며 달음질 칠
봄팀의 유니폼은 붉은색이다

붉은 유니폼 입은 정열의 선수들,
준비 완료, 이제 그들에게 남은 건
질주 뿐
끊임없이 큰숨 몰아쉬며 눈을 떼지 않는 상대팀은
하늘색 유니폼을 입고 있다

작고 작은 붉은 럭비공들은 2인 1조,
일제히 하늘을 향해 돌진하겠노라고
온몸으로 신호를 보내고 있다

붉은 유니폼의 선수들은 환호하는 팬들을 위해
주먹을 높이 들어보이며 분연히 내달린다

바야흐로 봄은,
소백산 정상까지 치달아 절정을 이룬다.

바람의 일

우리가 그들에게 갔을 때,
그곳엔 지독하고 악착 같은 늦가을이
찬바람에 사운대고 있었다

그녀가 그럴 줄은 몰랐다지
모두가 그럴 줄 몰랐다며 수군대었어
가벼운 혀들로, 내 그럴 줄 몰랐다 해

그런 붉은 피로 어찌 바람을
품지 않겠냐고 했어
그 가벼움으로 어찌 조신할 수 있겠냐고 했어
그들은, 붉은 그녀가 잉태한
까만 일들을 손가락질하며 비웃었지
천만에, 택도 없어!
고개 숙인 낮달 같은 그녀가
눈을 반짝이며 드디어 소리쳤어
그들이 온전히 그녀 자신이라고…

그러려고 붉은 빛으로 찬란했구나
그러려고 붉은 노을로 찬연했구나
그들이 낯선 눈길로 외면할 때
그 벽에 까만 콩으로 이뤄냈구나

>

바람의 일은
한결같이 이루어지고 있었는데
한결같이 그곳에서 일어난 일을
우리는 소리쳐야 알아듣지

담쟁이를 안은 붉은 벽은 그렇게,
바람의 가을을 잉태하고 있었어.

어쩌다 나를 만나

헐거워진 논길 위를 더디게 걷다가
어처구니없이 지친 걸음이 있다
그 더딤과 무너짐 곁에서
손발이 되어주는 이가 있다는 것은
얼마나 눈물 나게 서럽고 고마운 일인지
그녀의 마음 곁에 서보려고 했으나 우물
보다 깊은 마음결을 짐작도 할 수 없다
허리를 숙여 신발의 뒤축을 잡아주는
그녀의 좁은 어깨를 내려다보며
오늘도 나는 눈물이 난다
그대로 그 좁은 등에 몸을 맞대고
뒤에서 소리 내어 울고 싶다
어찌다 나를 만나,
세상에서 가장 쓸쓸한 뒤태로
이렇게 허리를 굽히는가
어쩌다 나를 만나,
흙 묻은 신발의 뒤축을 매만져 주어야 하는가

더 이상 내가 바람처럼, 폭풍처럼
뛰지 못할 것을 아는
마른 그녀의 미소가 한 겨울에도
나를 향한 봄향기로 피어오른다.

4부

노을 치마

한양의 홍부인,
열여섯 시집올 때 입고 온
장롱 속 다홍치마 꺼내든다
-너의 그 고운 빛도
오십 줄에 들어선 나와 함께 낡았구나

빛바랜 여섯 폭 주름은
오래전 귀향 간 남편에게로 가는 길,
자식 아홉에 여섯을 가슴에 묻고도
울지 못했던 눈물은 붓물 되어
빛바랜 하피* 위에 써내려갈
먹 가는 물로 흐른다

열여섯 홍부인의 낡은 치마,
붉은 노을이 되어
200년이 지난 지금도
슬픔의 강물이 되어
남도의 강진만을 물들인다.

* 하피霞帔 : 붉은 색 치마, 혼례 시 신부가 입은 예복.

하피첩

강진만에 200년 노을이 흐른다
그 노을 속에서 홍씨 부인이 걸어 나온다
혼인할 때 입었던 다홍치마를 입고 온다
멀리 한양에서도 그 손길이,
외로운 서방님의 눈물을 닦는다

서방님, 안부를 묻사옵니다*
홍씨 부인의 사랑이 눈물의 노을되어 강진만에 스며든다
천리 만리 멀어도 부부의 정은
강진만의 노을처럼 붉구나

병든 아내가 보내온 편지에
다산이 하피를 안고 통곡한다
홍부인의 낡은 치마 여섯 폭,
네 첩은 두 아들에게 보내고
매조도 된 작은 가리개는
딸과 함께 시집 보낸다

모두 떠난 200년 강진만에
남편의 하피첩**이 새색시
붉은 노을 치마로 돌아왔다.

* 이옥봉의 몽혼 중.
** 하피첩 : 붉은 빛이 바래 저녁노을빛이 되어버린 치마에 글을 쓴 다음 묶은 책.

소나기는 하루 종일 내리지 않는다

알고 지내던 선생님 한 분이 시골 빈집으로 들어 가셨다
덜렁 남겨진 어머니 짐들을 그냥 버려 둘 수 없다 하셨다
지나는 길에 점심이나 대접할 마음으로 홀연 찾아갔더니
날파리들 친구 삼아 대낮부터 막걸리 잔을 기울이고 계셨다
낡은 상 하나 사이에 두고 모처럼 마주 앉았는데
술맛만큼이나 알싸한 장대비가 쏟아져 내린다
마루에 앉으면 내려다보이는 아랫집의 아우가
얼마 전에 북망길 먼저 떠났다 한다
빗소리에 젖은 술잔 건네며 혼잣말을 한다
–살아야제, 살아야제
울타리도 새로 치더만 늙은 어미 혼자 두고 먼저 가부렀어

멍사도 모르는 내가 운을 잇는다
–그래야지라, 살아 견뎌야 이기는 거제라
소나기가 하루 종일 내리지는 않을 것인디

내 말 맞받은 것인지
후둑이던 빗줄기가 잦아들기 시작한다.

고흐의 꿈을 사다

사이프러스, 테오와 꽃 핀 아몬드 나무
해바라기, 까마귀와 밀밭, 노란집, 고갱,
감자, 별이 빛나는 밤에, 시엔…

지금 나는 돈 맥클린의 Starry starry night을
흥얼거리며 그들 사이를 돌고 있다
반 고흐, 너도 미쳐라*를 들고
오래 또 오래 그곳에 있다
웅크린 시엔의 슬픔 앞에서 함께 울고 있다
별이 흐르는 밤에 고흐와
압생트를 따르며 며칠째 소리치고 싶은
이 허기증에 어질병이 난다

문득 'Four sunflowers gone to seed'**가
보고 싶어 그 그림에 눈길을 심고 있다
오랜 고민 끝에 그의 꿈 하나 사들고 나온다

'나는 그림에 대한 꿈을 가지고 있다
그리고 그후 나는 내 꿈을 그리게 된다'

*이생진 시인 시집 제목.
** 네 송이 시든 해바라기의 원제는 'four sunflower gone to seed'.

저물어가는 봄밤, 어란을 만나다

어란 명인 김광자님은 보리이삭이 패는 4월이 오면
참숭어 알로만 어란을 만드는데
그 공정기간이 한 달에서 큰 알은 두 달이 걸린다
바람이 잘 통하는 응달을 찾아
돌로 얹어 납작 둥글 바나나 한쪽이 된
어란 앞뒤로 뒤집히며
고소한 참기름 발라 이뻐지는 화장도 하고
이렇게 사나흘은 새로 태어나기 위해
돌 이불을 덮는다
숭어알의 바다 속 영혼과 새 생명들이
바다로 영 돌아가지 못하게 하려는가?
유전인자조차 배여 들게 하여 참맛 나게 하려는가?
숨이 다독여지면 넓은 돌 거둬주며
아침 일찍 1시간 볕을 쬐고 석양에 다시 볕을 쬐어
응달에서 양지까지 달포가 걸린다

깊어가는 봄 밤, 달빛 아래서 청주를 마신다
흰 접시에 불칼을 놓아
백짓장처럼 발라낸 호박색 같은 너의 살점
혀끝에 젖어드는 그 맛을 두고,

조급한 손길과 정성으로는 그 맛을 살리지 못한다는

인색한 주인장의 버르장머리 없는 자랑이
물거품처럼 피는 밤이다.

위리안치圍籬安置*

"네가, 네 죄를 알렸다!"

탱자꽃 눈부신 봄날,
귀신도 들어오지 못한다는
탱자 가시 울타리에
고관대작 무슨 죄를 지시어
흰 꽃향기에 갇히셨나
목마른 자 샘을 파는 고통도,
고향 산천 흙바람보다도,
가족 품이 그리워 흘리는 눈물보다도,
가시에 찔려 온몸에 흐르는 피보다도,
콧끝에 걸린 저 징한 봄향이 서러워
피눈물로 속죄함도 부질없는 일,
황홀한 봄밤이 달빛 아래
눈물로 건너간다
희고 흰 향은 다시는 닿지 못할 이승이 주는 마지막 선물인가
탱자 꽃향이 더욱 깊어 흐느끼는 봄

나는,
스스로 탱자 울타리를 두르고
무르익은 봄을 바라본다.

* 위리안치圍籬安置 : 죄인을 귀양살이하는 곳에서 달아나지 못하도록 가시로 울타리를 만들고 그 안에 가두어 두는 일을 이르던 말.

도서관에 없던 책

몹시 햇살이 눈부신 날,

산 아래 도서관에 책을 빌리러 갔다
절판 된 책 이름은 그리움,
늙은 약사처럼 느리게 책꽂이 사이를
돌며 빌릴 책을 찾는다
절판된 책을 구하기란 쉽지 않다
거기에 오래된 책일수록
말할 나위 없다

느리게느리게
힘들게힘들게

겨우 다른 출판사 책을 빌려 책장을 넘겨보며
어쩔 수 없이 손에 들고도 아쉽다
도서관 앞 큰 나무에 지는 해가 도착하니
겨우 발길을 돌린다
그렇게 에돌아 결국 닿은 곳은
그의 집 앞,
다시 서성이게 된 그곳에 오니,
도서관에 끝내 없던 책이
나보다 먼저 도착해 있었다.

외눈박이의 식사*

지금은 폐광이 된 강원도 태백 탄광촌,

한때는 그곳도 뜨거움이 있던 갱속
광부 화가는 쥘 흙과 뉠 땅**을 그리며
30년 넘게 그들과 살고 있다
어둠 속에서도 노동의 배는 고팠지
오직 머리 위 불빛 한 줄기가 서로의,
혹은 혼자 먹는 밥을 비춰주는 빛줄기
그들은 고된 시간 뒤에 탄가루를 흑임자 삼아
젓가락 위에서 동그랗게 몸을 만
검은 밥을 먹는다
동그란 검정 밥
동그란 벌린 입
동그란 헤드 불
갱도 속 광부의 삶을 지탱하는
세 동그라미,
이렇게 외눈박이의 식사는
눈물이 밥물 되고 아픔이 반찬 되어
서로의 작은 불빛으로 상처를 쓰다듬는다.

* 황재형 화가의 작품 이름.
** 황재형 화가와 그의 개인전 제목.

유리창에 붙은 팔랑나비 떼

— 유리창 떠들썩 팔랑나비에게

학교 운동장에서 바라보는 2층 교실에는
유난히 소란한 유리창 하나가
쉴새 없는 날개 짓으로 수선스럽다

유리창에는 마른 걸레질이 한참인
쉼없는 손들이
저마다 갈색 걸레를 끼우고
팔랑나비 되어 오르락 내리락 중이다
배추 한 포기
쑥갓꽃 한 송이 자라지 않은
사각의 교실에서 태어난
팔랑나비 떼

빈 운동장을 건너와 유리창을 바라보던 호랑나비 한 마리가
교정 울타리 쪽으로 날아가다
유리창에 붙어 있던 팔랑나비 떼들을 향해
화려한 점박이 날개를 펄럭인다

시작벨이 울리자
날개 접은 팔랑나비 떼들,
하나 둘 자리에 가 앉는다.

헛빵이다

먹다 만 복숭아에 초파리가 밭을
일구었다

한 쪽 베어 물고 잠시 딴길로 들어선
눈길,
훈습 에세이에 겨우 열 쪽 정도 눈길을
돌렸을 뿐이다
시원스런 바람에 일구던 밭고랑을
팽개치고 감나무 밑 평상에서 깜빡
조각잠을 잤는데 호미도 님도 간 곳 없던
얼척없는 기억처럼 하마 그런
어처구니였을 것이다
잠깐 사이 먹다 만 복숭아에 까맣게
달라붙은 초파리 떼가 내게는 그 허탈의
기억처럼 그랬다
초파리떼 수두룩한 복숭아에
살금히 다가가 두 손바닥으로
몰이잡이 해 딱! 하고 쳤다
한 방에 우수수 압사시켰을 흐뭇한
기대로 손을 펴 본 순간,
이런이런, 제대로 헛빵이다
이런 일에도 한 방은 없는 것,

>

그럼 일 대 일 각개전투다
열 번에 반은 성공이구나
역시 그랬군, 그들이 작다고 얕봤어
빠져 나가기 쉬운 그 작은 몸을 모르고
그까이꺼* 했다가 제대로 당했어
가소롭고 한심하기 짝이 없는 거대한
내 덩치가 그까이꺼 초파리와의 한 판
승부에 온 몸이 통째로 뜨겁다.

* 그까이꺼(바른말: 그까짓거).

바시미*

반질대는 낡은 마루에 걸터앉아
담장 위로 보이는 지붕과
처마의 멋스런 선에 눈을 두며 비를 피하니
그곳이 천상이여라

지붕 위 까치 꼬리 끝으로 아스름히 겹쳐지는
지붕의 선과 산의 능선
그것은 곧,
선 아래 사는 이들의 숨결과 심성이다
한복 선의 출발이 여기에 있다던가
우리의 산하가 여기에 있다 했던가
앞산과 살포시 겹치며
처마 끝에 햇살이라도 비쳐오면
선과 선이 손을 마주 잡으며
지붕 위에 지붕이 포개지며
드디어 일이 났다

용마루에서
내림마루에서
추녀마루로 이어지는 지붕의 선은
여염집 여인의 맨 몸처럼 부드럽고 감미롭다
하늘과 지붕이,

기어코 하나의 생명을 잉태한다.

* 바시미는 우리나라에서만 볼 수 있는 곡선의 미학으로 한국의 지붕, 처마의 선을 이릅니다.

돌확

돌확이 그 자리에서 지낸지 몇 해가
되었을까? 어느 날 소나기가 온 후
꽃잎 하나 그에게서 어쩌지 못할
사랑이 되었다지
돌과 꽃이라니, 둘은 너무나
어울리지 않아서 그것은 마치,
조금도 평범하지 않은 남자와
너무나도 철없는 여자가 만나
포도시 서로에게 스미었으나
결국 다시 만난 제 안의 쓸쓸과 같은 것,
꽃잎은 안전한 돌확의 품에서도
거친 흙속에 뿌리 내려
꽃피는 것을 줄기차게 꿈꾸었다지
남자의 무서운 침묵과 여자의 끝없는 성가심도
길을 가는 동안 행여 어느 모퉁이에서라도
같은 빛으로 만날까 싶은 버팀이 끝없이 있었겠지만
그들에게는 어떤 반전도 없었다지

그러나, 시간이 흘러보니 그 자리에서
꽃잎을 품고 기다리고 있었던 것은
틀림없이 돌확이었다지.

여름 폭설

한 겨울,
앞이 보이지 않는 폭설로
운명을 감금당하길 원했다
허나 발을 저당 잡히는
눈을 여지껏 만나지 못했지

한 여름,
쏟아지는 것들은 모두 폭설이어서
발을 잡고 마음을 묶는다

그리움이, 보고픔이,
이별이, 침묵이,
발등으로 쏟아진다.

화랑곡나방

— 쌀나방

아침 청소하다 냉장고에 붙은 쌀나방을
잡았다
신중히 손바닥에 온 힘을 실어 가차없이
압사시켰다
어쩔 땐 손가락으로 적확하게 숨통을
누르기도 한다
그리고도 나는 죄의식도 미안함도 느끼지
않았다
오히려 미처 피하지 못하고 납작 엎드린 것에
얼마나 유쾌해 흐뭇했던가?
한 마리를 살려두면 몇 배로 번식할지
모른다는 생각은
그들을 필사적으로 노리게 했다
절대 생포란 없다
무조건 없애야만 하는 것이다

손바닥과 손가락, 때때로 주먹으로 무릎 꿇게 한
쌀나방은 화랑곡나방이라는 멋진 이름으로
어쩌면 이리 어처구니없이 내 앞에 종지부를 찍나
오늘 아침,
내 집게손가락에 지긋이 눌린
화랑곡나방이 끝내 내게 한마디 한다

-넌 손가락 까딱 한번 없이도 스스로 철창에
생포된 포로잖아
마지막 날개 짓을 내게 향한다.

점을 빼면 마돈나가 아니다

덕수궁 돌담길을 싸목싸목 걸어
시립미술관에 고갱전을 보러 간다
그곳에 천경자 특별 전시장도 있다

천경자,
그녀의 예술혼이 담긴 화실과 작품을 본다
화병이 된 마돈나 앞에 오래 머문다
여럿이 그림 앞으로 오더니
오른쪽 입술 위의 점을 가리키며 말한다
영락없이 마돈나네!

순간, 머릿속에서 지우개를 꺼내
얼른 그 점을 지워본다
영락없던 마돈나도 낯설어진다
열정과 열광의 마돈나가 점이다
화려한 금발, 붉은 입술도 마돈나의 점이다
마돈나에겐 역시 점이 있어야 한다
점을 빼면 그건 마돈나가 아니지!

삶이 밋밋하고 슴슴하면 내가 아니다
뒤뚱댄다고 걷지 않으면 내가 아니다
고단하고 빡빡하다고 그만두면 우리 삶이 아니다.

노래가 된 시

꽃

꽃이 예쁘지 새로 피고
새로 피고 또 새로 피고
꽃이 예쁘지 향기 나고
향기 나고 또 향기 나고
꽃이 예쁘지 꽃이 예쁘지
환하고 환하고 또 환해지고…

꽃

시 곽성숙, 곡 박제광
♩ =
C G Am G F G7 C
C G7 C F C G7 C
꽃 이 예 쁘 지 새 로 피 고 새 로 피 고 또 새 로 피 고
C G7 C F C G7 C
꽃 이 예 쁘 지 향 기 나 고 향 기 나 고 또 향 기 나 고
F C G7 C
꽃 이 예 쁘 지 꽃 이 예 쁘 지
F C G7 C F C
환 하 고 환 하 고 또 환 해 지 고 새 로 피 고 새 로 피 고
G7 C F C G7 C
또 새 로 피 고 향 기 나 고 향 기 나 고 또 향 기 나 고
F C G7 C
환 하 고 환 하 고 또 환 해 지 고
C G7 C
환 하 고 환 하 고 또 환 해 지 고

나는 거기 있다

부러 생각을 아니해도
어느 결에 한 곳을 보고 있는 길,
그 길을 가려한 것이 아니었는데
푸득 정신이 들면
나는 그곳에 있다
늘 그 길을 걷고 있다

고개를 숙이고 들고,
길을 걷고 멈추고,
말을 하고 닫고,
그러다가도 짬짬이, 무수히,
그 쉼표 사이 나는 거기 있다

그리는 일이 따론가?
들숨과 날숨 사이
한 길이 끝내 내게로 보이는
이 길이 그리움이지

나는 거기 있다

시 곽성숙 , 곡 박제광

= 110

바람이 분다

고단한 바람이 불어온다
진한 루즈 겹칠 한 시골 작부되어
아무렇게나 퍼질러 앉아
바람 부는 곳을 마주하고 있다
얼음 막걸리 야무지게 마시고 싶다

어머니의 젊은 노래가 나이 들어가는
내 노래가 되어 그리움 속에서 부풀 때,
막걸리 한 잔에
목쉰 아낙되어 노래 한 자리 부른다

그 맛이 섧어, 사업에 실패한
젊은 가장처럼 가슴을 파낸다

지금 나는, 질펀하게 앉아 울고 있다
곧, 내게로 명지바람 불어오리라

바람이 분다

시 곽성숙 ,곡 박제광

시와 바람 모꼬지

매달 첫 주 월요일이 온다
사람이 순해지는 시간
저녁 7시가 빛고을에 온다
그곳에는 시를 품고 사는
바람 같은 사람들이 서로를 위해 모인다
눈가가 젖고 마음이 젖고 시가 젖는 밤,
시가 오고 바람이 오고 사랑이 오는 곳,
사랑이 있고 웃음이 있고 흥이 있는 곳,
서로의 손길이 되고 우산이 되고
무릎 담요가 되어, 비가 와도 바람 불어도
온기를 덥혀 주는 사람들,
아름다운 이들이 모꼬지의 밤을 밝힌다.

시와 바람 모꼬지

♩ = 96
시 곽성숙, 곡 박제광
Dmaj7 Em Dmaj7 Em
Dmaj7 Em Dmaj7 Em
사 람 이 ~ 순 해 지 는 시 간
Dmaj7 Em Dmaj7 Em
저 녁 일 ~ 곱 시 가 ~ 빛 고 을 에 온 ~ 다 ~
Dmaj7 Em Dmaj7 Em
그 곳 엔 ~ 시 를 품 고 사 는
Dmaj7 Em Dmaj7 Em
바 람 같 은 사 람 들 이 서 로 위 해 모 여
F#m Em F#m Em F#m Bm
눈 가 가 젖 고 마 음 이 젖 고 시 가 젖 는 밤
F#m Em F#m Em F#m Bm
시 가 오 고 바 람 이 오 고 사랑이오 는 곳
Em A7 Edim
음 음

앓으라

사람으로 산다는 건
사랑하지 않을 수 없는 일이고
시인으로 산다는 건
미치지 않을 수 없는 일이여서
얼마나 갸륵하고 감사한가
그러나 나는 수시로 멈짓멈짓에
가슴이 닳고 앓아 진물이 난다
어쩌다 사랑이 넘쳐
나무와 길, 꽃 사람에 미쳐
깊숙이 바라보다
살이 여미도록 상처가 나고
시와 글자에 미쳐 칼에 찔리고
등에 창을 맞은 날에는
절망으로 수시로 고꾸라진다

그럼에도 불구하고
사랑한다는 것은 기쁜 물이 흥건한 일,
그리고도 심하게
슬픈 병에 걸리는 일이여서
자다가도 깨어나는 시간마다
절로 서럽다

무엇으로도 처방이 없으니
그냥 앓으라 한다
사랑도 시도 곱발 들고 기다려봤자
소용없으니 그냥 앓으라 한다.

앓으라

차꽃 곽성숙 이숙경

바람이라도 된다면

될 수만 있다면
당신 사는 산자락 아래를 돌고 도는
산바람이라도 되고 싶어요

당신만 바라볼 수 있다면
찬 기운으로 쉴 곳 없는
떠도는 눈물바람이 되고 싶어요

머리 위
어깨 위
그 손끝이 만져지지 아니해도
당신 오가는 길목을 서성대는
밤바람이라도 되고 싶어요

그럴 수만 있다면
그렇게만 된다면
그물에 걸려 영영 떠돌 수 없는
갇힌 바람으로라도
당신의 거실 한 모퉁이를 맴돌며
소리 없이 머물고 싶어요

날, 내버려만 둔다면
당신의 눈길을 받지 아니하여도
머무는 내 눈길만으로도 주저앉지 않으며
얼마든지 견디어 낼 자신이 있어요
당신의 바람이라도 된다면

바람이라도 된다면

곽성숙 시
정유하 곡

56
서 성 대 는 서 성 대 는 밤 바 람 이 라 도 밤 바 람 되 고 싶 어 ㅡ 요
62
그 럴 수 만 있 다 면 그 렇 게 만 된 다 면 그 물 에 조 차 걸 려 영 영
68
떠 돌 수 없 는 갇 힌 바 람 으 로 ㅡ 당 신 의 거 ㅡ 실 모 퉁 이 맴 ㅡ 돌 며
73
맴 ㅡ 돌 며 소 리 없 이 소 리 없 이 스 며 들 고 싶 어 요
78
그 래 도 된 다 면 그 렇 게 라 도 둔 다 면 내 내 ㅡ 내 게
84
눈 길 을 주 지 아 니 하 여 도 견 디 어 낼 견 디 어 낼 자 신 있 어
89
요 당 신 이 날 내 버 려 만 둔 다 면 요 ㅡ
12
107
당 신 의 향 ㅡ 만 스 칠 수 있 다 면 찬 ㅡ 기 운 으 ㅡ 로 미 움 받 아 쉴 곳 없
114
는 ㅡ 떠 도 는 눈 물 바 람 이 라 도 되 고 싶 어 ㅡ 요 ㅡ

해설

근대적 시공간의 잔영에 나타나는 동일성 세계의 언어와 서정의 결

이재연 시인

근대적 시공간의 잔영에 나타나는 동일성 세계의 언어와 서정의 결

이재연 시인

새로운 세대의 언어와 기존세대의 언어가 이해의 문제로 갈등하는 것은 당연한 일인지도 모른다. 서로 다른 사회문화적 환경에서 태어나고 자란 사람들이 같은 언어로 같은 발성을 하는 것이 오히려 이상한 일이다. 그 갈등으로 인해 우리 시는 다양한 영역을 넓혀가고 있다. 이전과 또 다른 서정의 결을 다듬으며 앞으로 나아가고 있다. 앞으로 나아가는 일은 어제를 부인하는 일이 아니리 어제를 발판 삼아 앞으로 나아가는 것이다. 여전히 전통은 우리 속에 함께 있다. 전통은 부인할 수도 없으며 부정할 수도 없는 또 다른 우리 속의 우리이다. 2014년에 등단한 곽성숙 시인의 시는 우리 시가 기존의 질서에 매몰되지 않으려는 많은 노력들이 진행 중에 있음에도 이러한 시류에 흔들리지 않고 자아와 세계가 혹은 자아와 타자가 분리되거나 대립하지 않는 동일성의 언어로 불화의 세계를 극복하려는 전통 서정시의 결을 이어가고 있다. 시인의 시선을 따라가 보면 시인이 주시하고 있는 사물이나 대상과 마주친다. 하지만 사물과 대상에 앞서서 먼저 인지되는 것은 시인이 불러내는 시공간이다.

시골집에는 언제나 시린 무릎을 세우고 앉은
늙은 아버지가 사신다 그는 마루 끝 기둥에 기대
지게를 바라보며 먼 산처럼 앉았다 아버지 등은

이제 지게를 질 수 없을 만큼 굽었다
지게도 수십 년을 업힌 그 등에 나는 단 한 번도
업혀 본 기억이 없다 마당 한 쪽 허물어져 가는
창고 앞을 지키고 서 있는 낡은 지게가 이제는
앞산 그늘처럼 서늘하다 때로 기억에 없는 일도
무장무장 그리울 수 있다 어쩌면 혹시 어쩌다가
어릴 때 한 번쯤은 업혀 봤을지도 모를 일이다
까닭도 없이 서러울 때면 마을 입구 삼백 살 먹은
느티나무를 찾아 구름잠이 들곤 하였다
귓가에 맴돌던 매미 소리도 바람 일렁이는
나무 그늘도 까무룩 멀어져 가는 길로 아버지는
허름한 밀짚모자나 잘은 구멍들이 양쪽으로
숨구멍처럼 뚫려 있는 초록색과 흰색이 섞인
새마을 모자를 쓰고 오신다 모자 아래로는
까만 선글라스를 쓰고 국방색 반바지에 검정 양말을
종아리까지 강직하게 올리고 단단하고 당당하게
지게를 지고 걸어 오신다 나는 느티나무 아래서
지게 지국이 선명한 아버지 등을 오후 내 오르고 오른다

아버지의 등은 오르고 올라도 끝내 오르지 못하는 산이다.

—「아버지의 지게등」 전문

나를 가장 근본적으로 바라보는 일의 시작이 유전적, 생태적 환경을 바라보는 일이다. 그런 측면에서 부모와 고향은 나를 이루는 중요한 토대이다. 우리는 이미 농경사회 속의 고향과 어머니를 일정한 방식으로 호명하면서 그 시대에 태어나고 자란 시인과 시적 화자로서의 나의 정체성을 확인하는 과정을 지나 왔다. 그렇다고 해서 정체성에 대한 확인과 부모에 대한 호명이 멈춘 것도 아니고 끝난 것도 아니다. 다만 농경사회가 중심이 되었던 시대와 현대의 환경이 다르듯이 시 속에서 나타나는 아버지나 어머니에 대한 시적 이미지도 많이 달라졌다.

시골에서도 보기가 쉽지 않은 '지게'는 이미 농경사회의 유물이 되었다. 유물은 현재로서의 존재가치보다는 과거시대를 대변하는 것으로서의 더 큰 존재가치를 지닌다. 현대사회에서 '지게'는 마치 유효기간이 끝나 폐기처분해 버린 사물과 같다. "언제나 시린 무릎을 세우고 앉은" "늙은 아버지"가 바라보는 "낡은 지게"는 현재의 시간과 과거의 시산을 중첩시키는 매개물이기도 하다. "먼 산처럼 앉아" 있는 아버지를 바라보며 화자는 유년의 기억을 떠올린다. "지게도 수십 년을 업힌" 아버지의 등에 업힌 기억이 없는 화자는 서럽다. "새마을 모자"와 "까만 선글라스"를 쓰고 "단단하고 당당하게" 걸어오는 아버지의 등을 "오르고 올라도 끝내 오르지 못하는" 것은 아버지의 등이 아니라 지게와 함께 굽은 아버지의 고달픈 삶의 여정일 것이다. 아버지의 고달픔은 삶의 일반이지만 시간의 방향성을 나타내기도 한다.

아버지와 지게는 개별적이면서도 한 시대의 의미를 상징하는 시공간을 표상하고 있다. 이 시공간은 농경사회의 삶의 중심이 되었던 근대적 공간의 잔영이라고 할 수 있다. 그 근대적인 공간이 완전한 과거라고 할 수는 없다. 근대적 시공간을 완전히 벗어나지 못한 삶과 현실이 존재할 뿐만 아니라 그러한 공간에서 나타나는 결핍과 소외는 지금의 사회 구조 속에서도 여전히 존재하고 있기 때문이다. 곽성숙 시인이 주로 바라보는 곳은 대개가 그렇듯이 중심이 아닌 주변부이며 결핍과 소외 속에서도 삶의 조건에 순응하며 살아가는 순박한 사람들이 대부분이다.

지금은 폐광이 된 강원도 태백 탄광촌,

한 때는 그곳도 뜨거움이 있던 갱속
광부 화가는 쥘 흙과 뉠 땅을 그리며 30년 넘게 그들과 살고 있다
어둠 속에서도 노동의 배는 고팠지
오직 머리 위 불빛 한 줄기가 서로의,
혹은 혼자 먹는 밥을 비춰주는 빛줄기
그들은 고된 시간 뒤에 탄가루를 흑임자 삼아 젓가락 위에서 동그랗게 몸을 만
검은 밥을 먹는다
동그란 검정 밥
동그란 벌린 입
동그란 헤드 불
갱도 속 광부의 삶을 지탱하는
세 동그라미,

이렇게 외눈박이의 식사는
눈물이 밥물 되고 아픔이 반찬 되어
서로의 작은 불빛으로 상처를 쓰다듬는다.
—「외눈박이의 식사」 전문

위의 시「외눈박이의 식사」의 배경 역시, 지금은 관광도시의 자원으로서 카지노시설이 들어선 태백 탄광촌을 배경으로 하고 있다. 물론 이 시의 직접적인 소재는 그림이다. 위의 시는 광부의 모습이 그려진 그림을 보고 광부의 모습을 묘사하고 있다. 황재형 화가의 1984년 작품을 현재화시키고 있다. 인생의 막장이라고 불리었던 탄광, 더 이상 내려갈 곳이 없는 사람들이 마지막으로 선택할 수밖에 없었던 만큼 고달팠던 탄광의 삶은, 화가나 작가들에게 늘 소재와 주제가 되었다. 지금도 탄광의 일부는 남아 있는지 모르지만 탄광과 광부들의 삶 또한 과거 삶의 형태로 인식할 수밖에 없는 현실에 우리는 놓여 있다.

예나 지금이나 노동에 의지해서 먹는 밥은 고달프다. 광부의 막장 인생 같은 고달픔은 현대의 삶 속에서도 여전히 진행 중이다. 곽성숙 시인의 또 다른 시,「할머니와 무등산」 역시, 도시로부터 떨어진 무등산 기슭에서 어린 손자와 의지할 곳 없이 살아가는 늙은 할머니의 이야기이다. 이렇듯 곽성숙 시인이 불러내는 곳은 도시와 자본과 문명의 중심으로부터 떨어진 시공간들을 주시하고 있다. 감정의 과잉도 표현의 과잉도 없이 묘사하는 차분한 화자의 목소리가 장점이라며 장점일 수 있겠다. 또한 결핍과 소외의 문제를 다루면서도 결핍과 소외의 문제가 '세계'나 '구조' 의 문제로 확산되기 보다는 개인이나 삶의 문제로 이해되는 부분이 더 확연하다고 느끼는 것은 그녀 시

속의 화자가 현실과 불화하는 언어가 아니라 연민과 따뜻한 시선에 기초한 동일성 세계의 심성을 지녔기 때문이다.

곽성숙 시인의 시에 주로 나타나는 것이 소외와 결핍의 시공간, 그리고 타자에 대한 애틋한 정서라면 그 대상과 시공간을 좀 더 확장시켜도 나쁘지 않을 것 같다. 해고와 비정규직으로 내몰리고 있는 불안한 노동시장, 더 이상 물러 설 곳이 없어 굴뚝이나 크레인 위에 올라 가야만하는 이 시대의 아버지들이 있다. 복지의 사각지대에서 신음하고 있는 빈곤층 등 지금 우리의 가난과 소외는 더 다양하게 분화되어 있으며 철저히 구조화되어있는 시대에 살고 있다. 시대와 문제적 현실에 대해 좀 더 치열함을 지니는 것도 인식의 폭을 넓히는 하나의 방법이라고 할 수 있겠다. 헬hell조선이라는 신조어를 만들어 낸 지금, 여기, 이 시대를 어떤 언어로 천착해야 할 것인가는 모든 시인들에게 해당되는 문제이다.

차꽃 곽성숙

곽성숙 시인은 1964년 광주에서 태어났고, 전남대학교를 졸업했으며, 2014년 『애지』로 등단했다. 광주 전남 색동어머니 동화구연가회 회장을 역임했고, 색동회 이사로 인형극 연출을 하고 있다. 유아교육과에서 아동문학을 지도했다. '봄날 수필 문학회'와 '시와 바람' 시낭송 모꼬지를 매달 기획-진행하며, '풀뿌리 문화운동'의 기수로서 활동을 하고 있다.
곽성숙 시인의 첫 번째 시집인『날마다 결혼하는 여자』는 이 세상의 모든 사람들, 즉, 가족, 친구, 이웃사람들, 어린 학생들에게 바치는 '연시'라고 할 수가 있다. 따라서 그의 연시는 표제시인「날마다 결혼하는 여자」에서처럼, 풍 맞은 노파마저도 결혼을 앞둔 새신부의 삶으로 껴안기도 하고,「아버지의 지게등」에서처럼 "지게 자국이 선명한 아버지 등"을 한없는 사랑으로 미화시킨다.

이메일 : kss4560@hanmail.net

곽성숙 시집
날마다 결혼하는 여자

발　행 2016년 10월 28일
지은이 곽성숙
펴낸이 반송림
편집디자인 김지호
펴낸곳 도서출판 지혜
　　　　계간시전문지 애지
기획위원 반경환 이형권 황정산
주　소 34624 대전광역시 동구 선화로 203-1, 2층 도서출판 지혜 (삼성동)
전　화 042-625-1140
팩　스 042-627-1140
전자우편 ejisarang@hanmail.net
애지카페 cafe.daum.net/ejiliterature

ISBN : 979-11-5728-213-5 03810
값 9,000원

* 이 책은 광주문화재단, 한국문화예술위원회에서 사업비 일부를 지원 받았습니다.